AF137869

© **2025, Balkis Hmida**

© **Couverture & Illustrations : Kanto Randresy**

Balkis Hmida

Perles Parsemées

Tous droits réservés. L'auteure est seule propriétaire des droits et responsable du contenu de ce livre. Aucune partie du présent document ne peut être reproduite, stockée dans un système électronique d'extraction, ni transmise, sous quelque forme ou par quelque moyen que ce soit (électronique, mécanique, par photocopie, sous forme enregistrée ou autre) sans l'autorisation écrite préalable de l'auteure.

Édition : BoD · Books on Demand, 31 avenue Saint-Rémy, 57600 Forbach, bod@bod.fr

Impression : Libri Plureos GmbH, Friedensallee 273, 22763 Hamburg (Allemagne)

Corrections : Léance Kalanzau & Maylis Saleh

ISBN : 978-2-3225-5987-9

Dépôt légal : Janvier 2025

Balkis Hmida
Perles Parsemées
Illustré par Kanto Randresy

À celleux qui ont un jour pensé
Qu'ils n'étaient rien
Vous avez toujours été assez

SOMMAIRE

Avant
propos

Je me suis toujours demandé quand est-ce qu'une histoire commence réellement. Surtout quand est-ce qu'on peut commencer à raconter la sienne.

Lorsque j'ai publié *Fleur Intérieure*, je n'avais pas encore totalement formalisé que je voulais être autrice. Je savais que j'aimais profondément écrire mais je n'avais aucune idée de ce que je faisais. Ce premier recueil était un journal intime des émotions qui me traversaient à un instant T. Deux ans plus tard, les choses ont énormément évolué. J'ai beaucoup appris et grandi depuis ce premier recueil et avant de continuer à vous partager mon parcours, il fallait faire une pause pour comprendre d'où je venais pour pleinement assimiler le chemin parcouru.

Perles Parsemées raconte cette histoire. J'ai écrit ce recueil de la manière la plus vulnérable qui soit, en me replongeant dans les souvenirs d'une petite Balkis, mais aussi d'une Balkis adolescente.

Toujours dans mon envie de faire du bien et de déculpabiliser, ce recueil se partage en deux parties. Celle des souvenirs douloureux qui ont contribué à faire de moi la femme que je suis aujourd'hui, et celle des moments joyeux qui me rappellent que la lumière existe même dans la pénombre. Ces deux émotions et ces deux espaces-temps se rencontrent pour la première fois. Toutes ces versions de moi se confrontent dans ce recueil afin d'avancer librement et sereinement.
En ayant fait la paix.

J'espère que mes mots sauront vous rappeler que toute émotion mérite d'exister, d'être vécue puis relâchée. Ce sont nos boussoles internes et seuls vous savez les naviguer.

Love, Balkis

Partie 1

Sous les
vagues

BIENVENUE DANS LES ABYSSES

Il est facile de se faire emporter par les vagues de la vie. Quand on a la tête sous l'eau, tout devient flou, on arrive difficilement à discerner le positif du négatif. Le vrai du faux.

Une seule chose devient alors vitale : survivre. Se faire emporter par les vagues sans vraiment savoir où elles nous emmèneront. Il faut parfois toucher le fond de l'eau, s'aventurer dans les abysses pour pouvoir mieux rebondir et remonter à la surface.

Mais entre-temps, on se perd, on manque parfois d'air et on nage à contre-courant.

Fragments

00:30 - 1999
La Marsa
Premier cri
Première envie
Celle de vivre

00:30 - 2024
Paris
Premier constat
Ceux des fracas
D'arbres coupés
Déracinés

Des fragments d'histoire
D'histoires recomposées
Pour être mieux interprétées
Et se recréer sa réalité

Balkis Hmida

Et si ?

Au pire quoi ?
Ce n'est pas un tournoi ?

La vie n'est pas une compétition
Pourtant avec moi-même
La vie est une perpétuelle audition
J'ai peur de ne pas atteindre
Les objectifs que je me suis fixés

Et si j'étais trop prétentieuse ?
Et si j'étais trop paresseuse ?

Brouillard

Un fossé
S'est créé
De ceux qui engloutissent
Ou bien assoupissent
Ce fossé a tenté d'effacer
Le point de départ
Comme celui d'arrivée
Les lignes se sont brouillées
Les traits se sont floutés
Le fossé s'est agrandi
M'a avalée
Puis recrachée
Il ne m'a pas eue
Je me suis débattue
Car ce fossé je l'ai créé
J'en ai bien peur
J'en suis l'auteur

Balkis Hmida

Hantée

Dis-moi pourquoi
La simple évocation
De mon enfant intérieure
Me met en tension
Une réaction chimique
D'une âme oubliée
Qui craignait les fantômes
Alors que la réalité est
Que le seul qui rôdait
Vivait en moi caché

Panser les plaies

Toujours à me poser 10 000 questions
À redouter d'être abandonnée
Quand est-ce que mes plaies seront pansées ?
J'ai pourtant juste envie d'être aimée

Qu'est-ce que s'aimer ?

Le moment où j'ai réalisé que s'aimer ne voulait pas dire rester, s'accepter ou se figer, est le moment où je me suis libérée. S'aimer, c'est se regarder en face, accepter d'avoir déconné et qu'il est temps de changer.

S'aimer c'est être responsable, faire ce qu'on s'était juré et surtout se pardonner. On ne doit pas être parfait ni même irréprochable, on peut juste être vrai et faire de son mieux sans se juger.

Ce n'est qu'ensuite que s'aimer peut passer par des *Matcha Latte* hors de prix ou 10 livres qu'on ne lira sans doute jamais.

Appréhensions

J'appréhende de ne pas plaire
De me faire juger
D'être mise de côté
Mon enfant intérieure
A peur de ne pas être aimé
De se faire rejeter
Mais au fond, je sais que ce n'est pas vrai
J'appréhende de ne pas plaire
Puis finalement j'en ai que faire

Balkis Hmida

Noeuds

Dans ma tête tout crie
Tout s'emmêle
Tout m'empêche d'être celle
Qui exploite son plein potentiel
Je suis affaiblie
Par toutes ces pensées
Qui font de moi
Une personne
Superficielle

Partage

J'ai essayé de te décrocher la lune
Mais elle ne brille pas que pour toi
Alors j'espère que mon amour
Te suffira

Yeux Désespoir

Il fait noir
Les yeux désespoir
Tout m'échappe
Je ne sais que faire
Pour rallumer cette lumière
Fut un temps elle brillait plus fort que tout
Mais sa force aussi m'empêchait d'avancer
Seule dans cette pièce-obscurité
Comment essayer de la rallumer ?
Je m'abandonne et accepte
Et c'est là qu'au loin j'intercepte
Une étincelle
Celle qui nécessite
Le soir le plus complet
Avant de se manifester

Le frigo

Je me prépare
À la plus effrénée
Des chorées
J'ouvre le frigo
Uniquement pour le refermer
Je ne sais même pas réellement
Ce que j'aimerais ingurgiter
Tout ce que je sens
C'est ce vide en moi
Que je **dois** combler

Balkis Hmida

Miroir, Miroir

Mes traits trahissent mon sang
Je n'ai pas l'étoffe de mon rang
Ce reflet dans la glace
Me fige sur place
J'aimerais tellement l'afficher
Fièrement
Le scander aisément
Mais l'histoire si fragmentée
Rend la tache compliquée

Au fond rien ne sert de se cacher
Tout finit par nous rattraper
Je finis par accepter
Ce miroir qui me renvoie
Tout droit à La Marsa

Rouge

Comme la colère qui se terre
Ou le rouge à lèvre qui marque ton cou
Rouge
Qui ne laisse personne indifférent
Les traces du temps sur mon cœur insolent
Un sentiment que l'on écarte
Que l'on cache
Qui nous fait honte
Alors je lui tends la main
Pour changer mon destin
Pour m'enfoncer dans sa réalité
Et j'embarque pour
Un dernier voyage teinté de rouge

Fâner

Sur mon chemin
Je ne l'ai pas encore croisé
Je suis chanceuse
Oui je le sais
Mais l'ombre plane
J'ai peur qu'il fane
Et tard le soir
Je crois entendre ses pas
Pitié ne t'approche pas
Laisse-moi mon papa
Sur mon chemin
Je lui mets des obstacles
Pour que je ne le croise jamais
Cher deuil, je ne veux pas te rencontrer

Sablier

J'angoisse
Tard le soir
Du temps qui passe

Je nous imagine vieux
Avec mon amoureux
Mais la tendresse laisse vite place
À la plus grande des angoisses

Vieillir à tes côtés
Me donne des nausées
Notre temps est compté
Je ne veux pas en être rappelée

Spray à la lavande

Dans mon corps
Mon âme d'enfant subsiste encore
Elle a peur de faire des bêtises
Que sa mère pique une crise
Elle a peur des représailles
Cette peur, je veux qu'elle s'en aille
Des années plus tard
J'apprends encore à mon corps
Qu'aujourd'hui on est en sécurité
Il ne peut plus rien nous arriver
Il n'y a pas de monstres
Se cachant dans la pénombre
Pourtant je garde toujours un spray
Sur ma table de chevet
À la lavande pour me calmer

Sauvetage

Les maux que j'écris sur du papier
Se noient dans le flot de mes pensées
Car elles n'ont pas pied
Mais des mains pour les hisser
Pour flotter
Et ne pas se faire emporter
Les garder ancrées sur ce papier
Pour que je puisse y revenir
Et mieux me regarder

Bribes

Le temps change tout
Transforme les moments compliqués
En bribes du passé
On pense ne jamais s'en sortir
Puis voilà que 10 ans plus tard
La vie n'a plus rien à voir
Tout paraît figé
À l'instant T
Le temps guérit tout
Même ce qu'il y a de plus brisé en nous

Prières

Petite, ma mère me faisait réciter
Tout plein de prières
Avant de tomber
Dans les bras de Morphée
Si seulement elle savait
Que du haut de mes petites années
Ce que je demandais
À notre divinité
N'était pas la santé
Mais une simple poupée
(Bloom des Winx Club pour être précise)

Et je l'ai eue
C'est mon père
qui me l'avait achetée
Et des années après
Elle l'a donnée
Sans même m'en parler

Superstition

Des années ont passé
Notre relation ne s'est pas améliorée
Pourtant à chaque fois
Que ma claquette est retournée
Je continue de l'associer
À la superstition à laquelle tu croyais
Automatiquement je la retourne
Puis je m'arrête un instant
Les espaces-temps se confondant
Je ne suis plus cette enfant
Pourtant elle vit bien encore en moi

Balkis Hmida

Je me sens *vide*
Comme emportée
Par cette spirale du néant
Me laissant désormais
Vide
Rien ne passe
Pas même un sentiment
Me voilà,
asséchée
Et vidée
De toute envie
Ou maladroites pensées
Je me vide de l'intérieur
De tout leurre
Plus rien ne me fait peur

Mais n'est-ce pas en se vidant
Que l'on peut réellement
Se remplir de nouveaux sentiments
De nouveaux espoirs
Qui nous feront voir
Les choses autrement ?
Alors le verre, laissez-le moi à moitié *vide*
C'est dans cet inconnu que résident
Mes meilleures traversées

Petite voix

Qu'est-ce tu crois ?
Tu te crois spéciale ?
Détrompe-toi !
Redescends sur terre
C'est quand la dernière fois
Que tu as été fière de toi ?
La dernière fois
Que tu t'es dépassée
Au lieu de procrastiner
C'est pas comme ça
Qu'on réussira
Heureusement que je suis là
Moi
Ta petite voix
Pour te sortir de là !

Validation

Il y a un biais
De validation
Qui s'enclenche
Lorsqu'on grandit
En se pensant
Moche
Une envie de plaire
3x plus forte
Dame Nature m'aurait-elle réellement privée
De ce privilège tant convoité ?

Royaume

Dans mes souvenirs
Tout me paraît énorme
Les couloirs deviennent labyrinthes
Les murs deviennent forteresses
J'étais la princesse
Tout me paraissait grandiose
Du haut de ma tour

8 ans après
Ma fugue du château
Lors d'un été
Où il faisait trop chaud
Le voile s'est levé
Les perspectives ont changé
J'étais la géante
De ce royaume qui me hante

Unreliable Narrator

Je suis une narratrice
Très peu fiable
Tout ce que je dis
Doit être pris
Avec des pincettes
Fruit de ma créativité
Ou pure réalité
C'est un secret
Très bien gardé

Rancoeur

Je porte une rancœur depuis toute petite
Celle de ne jamais avoir pu dire
Ce que j'avais dans les tripes
Celle de ne pas avoir tenu tête
Parce que la mienne avait été décrétée
Moins belle que les autres
J'ai dû me prouver
Mentir
Me contorsionner
Avant de comprendre
À mes dépens
Que je ne dépends pas d'eux

Surnaturel

On ne peut jamais vraiment fuir
Nos émotions dépassent le surnaturel
Et restent bien accrochées
Même si nos yeux restent fermés
Elles sont là
Nulle part et partout à la fois
Attendant d'être enfin acceptées
Pour se manifester
Même à 10 000 km
Je demeure hantée

Balkis Hmida

Sonnette d'alarme

Ça prend tout le corps
Ça chauffe comme si
La couche d'ozone avait déjà disparu
Une chaleur à se mettre à nu
Les doigts fourmillent
Crépitent
Le coeur palpite
Le cerveau tire la sonnette d'alarme
Suis-je en train de mourir
Ou juste en train de subir
Une autre crise d'angoisse
À chaque fois qu'elle pointe
Le bout de son nez
J'ai du mal à les discerner

Trop Fort

J'ai mis des années
À arrêter d'avoir peur
D'être remplacée
D'être troquée
Comme une vulgaire mal-aimée
Parfois, ça revient encore
Peut-on vraiment guérir d'un cœur
Qui aime trop fort ?

2 truths 1 lie

Deux vérités et un mensonge :

1)   J'ai peur de mourir
2)   J'aime à en crever
3)   J'ai peur de ne jamais réussir à
lâcher prise et de tout le temps trop réfléchir

(C'est faux, j'aime à en vouloir vivre)

Tout refaire

Dans une autre incarnation
J'espère que tu cours pieds nus
En riant, le cœur léger

Dans une autre incarnation
J'espère que tu danses sur tes chansons préférées
Dans le salon, le cœur léger

Dans une autre incarnation
J'espère que tu envoies tout balader
Enfin la paix, le cœur léger

Dans une autre incarnation
J'espère qu'on pourra tout recommencer
Et savoir correctement s'aimer

Falaises

Cœur partagé
Entre deux foyers
Âme scindée
Entre deux lignées

Un sac à dos
Lourd de fardeaux
Toujours prêt
À être enfilé

Je n'ai pas le cul entre deux chaises
Mais le cœur entre deux falaises

Une bouée

Enfant, on simule souvent de se noyer
Pour voir qui viendrait nous sauver
Comme le besoin d'être rassuré
Qu'on nous jetterait une bouée à la mer
Pour ne jamais perdre pied
Et être ancré
Près de nos êtres chers

Balkis Hmida

Couture

J'ai cousu de larmes
L'oreiller censé m'emporter
Dans les bras de Morphée
Tous les soirs munie
De mes aiguilles
Larmes comme armes
L'oreiller s'est construit
Devenant forteresse
De tous mes ennuis

Justification

Certaines personnes
Ne nous comprennent pas
Doit-on alors s'efforcer
D'expliquer
Notre essence même
Nos rires
Et nos peines
Ce qui me rend moi
Toutes ces choses
Qui me composent
Et qui par la force des choses
Ne te seront jamais familières

« Tu es belle » me glisse-t-il

Et la pente doit être bien glissante puisque ces mots tombent dans l'oreille d'une sourde.

Paradoxe

Quand je dis être paradoxale
Je veux dire que
J'ai une peur bleue des araignées
Sincèrement, c'est scandaleux
Et même pas 5 minutes après avoir pleuré
Je cherche sur internet :
« Signification araignée en spiritualité »

Colère

Aujourd'hui je me suis fait violence
Je ne me suis pas écoutée
Et mon ventre s'est noué
Je ne voulais pas sentir la culpabilité
De t'abandonner
Alors j'ai accepté
Dire non est si compliqué ?
Alors c'est la colère qui sort du terrier
Mon corps n'en loupe pas une pour me dire
Que j'ai merdé
Si j'avais su, j'aurais peut-être choisi la culpabilité
La colère se transforme alors en rancœur
N'aurais-je pas mieux fait d'écouter mon cœur ?
Aujourd'hui je me suis fait violence
Je ne me suis pas écoutée
J'aurais dû te dire
Mon mécontentement
Je ne suis plus une enfant
Ce n'est pas une rébellion
Mais bien une protection

Liens rompus

Un arbre coupé net aux racines
Qu'on tente d'extirper à la terre
Les liens ont été rompus
Il n'y a plus rien à faire
Il ne reste que le tronc
Il ne me reste qu'à prier la pluie
Pour me redonner un semblant de vie

Le pardon

Il faut savoir pardonner
C'est une belle qualité
Savoir reconnaître
Que l'on est imparfait
Tendre la main
À ceux qui en ont besoin
Donner de l'amour
Sans en attendre en retour
Qu'elle est belle cette humanité !
Où était-elle quand je l'ai réclamé ?

Trace

Si je me noyais
Dans le fond de tes yeux
Si je m'aventurais
Dans les profondeurs de tes iris
Plongeant si profondément
Que j'atteindrais ton cœur
Y trouverais-je ma trace ?
Y trouverais-je ma place ?
T'ai-je marqué
Au point de compter ?

Balkis Hmida

Compréhension

Ma poésie parle de toi
Pourtant tu ne la comprends pas

TCA

« Les troubles du comportement alimentaire »

C'est vrai que je me sens troublée
Dois-je manger ou bien m'affamer ?
Comment faire pour atteindre le corps parfait
Quand cela fait des années
Que je ne ressens plus la satiété
Plus rien ne me satisfait
Est-ce mon ventre que je souhaite combler
Ou le vide intersidéral en moi refoulé ?

Murs violets

J'ai scellé un secret
Avec mes murs violacés
Qui m'ont vue grandir
Pour le meilleur comme pour le pire
Si ces posters scotchés
Pouvaient parler
Ils ne trouveraient qu'un vide intersidéral à conter
Hannah Montana, One Direction, Marina…
Ces murs d'enfant puis d'ado
N'ont vu défiler
Que l'ombre de celle que j'aurais été
Si j'avais mis le monde de côté

Mes poupées et moi

J'ai souvent eu l'impression
Que ma solitude était une punition
Seule avec mes poupées
Pas un bruit ne s'échappait
J'ai cruellement prié
Pour qu'elles prennent vie
Comme par magie
Qu'elles me prennent par la main
Et m'emmènent très loin
Mais je suis restée là
Mes 3 poupées inanimées et moi

Balkis Hmida

Renouveau

J'ai toujours eu peur de clamer qui j'étais
Je m'abandonnais par peur d'être rejetée
Mais aujourd'hui pour avancer
J'aimerais renouer avec mon passé
Faire la paix
Et me chuchoter
« Tu es bien plus qu'assez »

Perles Parsemées

Petite moi
M'en veux-tu ?
Est-ce que parfois
Tu ressens de la rancœur
Toutes ces années passées
À prier pour être sauvée
Finalement c'était mon rôle
Désolée d'avoir échoué

Grande moi
Ne pense pas ça
Si aujourd'hui on a réussi
C'est entièrement grâce à toi
À nous, à elles
Toutes ensemble
On évolue et on avance
Je suis fière de toi
Grande moi
Je fais partie de toi
Ne l'oublie juste pas

Partie 2

L'éveil
des perles

SORTIR LA TÊTE DE L'EAU

Puis d'un coup, une lumière se fait voir au loin. On a nagé assez longtemps, assez ardemment, pour toucher du doigt la surface. On sort pour la première fois la tête de l'eau. On respire enfin depuis ce qui a paru comme une éternité.

C'est alors que petit à petit on regagne nos sens. Le voile se lève et on prend conscience de tout le chemin parcouru, de tout le travail réalisé pour en arriver jusqu'ici, à cet exact endroit. Jamais par hasard. La lumière se fait alors de plus en plus forte et on découvre la force de notre pouvoir.

Invincible

Je me suis replongée
dans l'écriture en juillet
Comme si la force de l'été
Me hissait au sommet
De mes rêves et capacités
Je ne me sens jamais aussi invincible
Que lorsque l'été
Pointe le bout de son nez

Authenticité

Je ne peux m'empêcher de penser
Dois-je vraiment me révéler ainsi ?
Puis je me souviens de qui je suis
Une femme forte
Une poète
Mes doutes et mon appréhension
Font ma force
Nourrissent ma plume qui encre ce papier
La sincérité ne trahit jamais
Elle ne demande qu'à exister

Station d'essence

Si l'on considère son lieu de naissance
Comme la source de son essence
Alors il est temps pour moi de faire le plein
J'ai longtemps fait du sur place
Carburant au mauvais moteur
Aujourd'hui je passe la cinquième
Pour trouver le bonheur

Ôde à l'Été

Femme soleil,
Née un matin d'août
En Tunisie, là où le soleil
Inonde le ciel
C'est en été que je renais
Dans la mer que je prospère
Cet été a été doux
J'ai pris mon temps
Et ça se ressent
Avec la pluie
Mon repli s'est emporté
L'été c'est terminé
Mais l'Amour, jamais
Septembre soit tendre
À Paris il fait trop gris
Mais derrière chaque nuage
Se cache un beau voyage
Celui de la vie
Qui je l'ai appris
Ne se déroule pas qu'en été

Balkis Hmida

Patience

Il en faut du temps
Pour savoir correctement s'aimer
Un an que je réapprends
À ne pas me laisser de côté
Pourtant avec toi
Ce fut instantané
Alors je t'ai écouté
Pour que tu m'apprennes à m'aimer

Prends ma main
Montre-moi le chemin
Puisqu'avec ma raison
J'ignore sur quel pied danser
Mais quand je suis avec toi
J'envoie tout valser
Au rythme des
« et pourquoi pas »
Sans prévoir ni planifier
Juste se laisser emporter

La baignade

Il n'y a rien de mieux
Que de sentir le soleil
Me réchauffer
Rien de mieux
Que de sentir son cœur
S'alléger
Le corps plongé
Dans l'eau salée
Rien de mieux
Que de sentir le monde
S'arrêter
Au creux des vagues
Le temps d'une baignade

— Tête à tête avec la lune

La lune est notre plus fidèle confidente. Elle ne loupe aucun rendez-vous, discrètement présente tous les soirs, pour témoigner de nos histoires, sans jamais nous juger. Quand j'étais petite, je lui parlais souvent, mais elle ne répond qu'à ceux qui savent déchiffrer les signes de l'Univers. Tout comme ses différentes phases, nous traversons différentes saisons en en récoltant *les fruits et les leçons*.

Liens

Assise à la fenêtre
Je sens mon être
S'évader à chaque bouchée
Seule accoudée
J'observe pour dénouer
Pour trouver un lien là
Où souvent il n'y en a pas
Les petits détails ne m'échappent pas
Comme missionnée par l'Univers
De garder les yeux ouverts
Un spectacle s'offre à moi
Celui des instants mondains
Qui nous rappellent que l'unique loi
Est celle qui nous unit entre humains

Lumière

J'aime imaginer
Un halo me traverser
De la lumière m'illuminer
La beauté toujours m'entourer
J'aime me savoir protégée
l'Univers est là pour me guider

Balkis Hmida

Entremêlée

La mélodie de la nature
Dont le rythme est déchaîné
Chaque musicien est à sa place
Prêt à nous livrer
Un spectacle endiablé
Les oiseaux gazouillent
Les grenouilles coassent
Les poissons nagent
Les médusent piquent
Et je suis là,
Parmi tous ces artistes
Ne faisant qu'un
Avec la symphonie
De la nature

Ratures

Je n'ai pas peur des ratures
Elles racontent tout ce que mon cœur endure
J'ai appris à comprendre
Que c'est dans les ratés
Qu'en réalité
Mon art apparait

Balkis Hmida

Le vent me murmure
Quel chemin prendre

Tant de possibilités
De choix inexpérimentés

Et si je me trompais ?
Je ne sais pas où cette vague va m'emporter

Et si je m'échouais ?
Une chose est sûre

Tant que je t'ai pour
m'accompagner

Jamais je ne serai perdue
L'amour est à perte de vue

Amour, toujours

« Ne t'arrête jamais d'aimer »
Et il n'y a rien de plus vrai

Qui suis-je lorsque je n'aime pas
Flotter dans la Méditerranée ?
Qui suis-je lorsque je n'aime pas
La nourriture trop épicée ?
Qui suis-je lorsque je n'aime pas
Le soleil à son coucher
Rire à en pleurer
Chanter à en crever
Écrire à s'en casser le poignet

Qui sommes-nous
lorsque notre cœur
cesse de battre
Pour ce tout
Qui nous entoure

Balkis Hmida

— Dédicace

Balkis Hmida

En grandissant j'ai toujours rêvé
Qu'on me dédie une chanson
Qu'on m'écrive un poème
Ou même qu'on me peigne

Ce que je voulais
N'était pas un cadeau artistique
Mais plutôt un caprice narcissique
Je rêvais qu'on puisse m'aimer
Au point de le scander

Une envie irrépressible
D'être prise pour cible
D'un amour infaillible
Ce besoin qu'on me montre
Que ma lumière brille
Même dans la pénombre

Alors aujourd'hui
Je me dédie ce poème
Tu n'as plus besoin qu'on t'aime
Ton propre amour te suffit

Jasmin

Le jasmin emplissant mes narines
Me ramenant à une période d'antan
Lorsque j'avais 8 ans
Du chocolat plein les dents
Le pantalon déchiré
D'une cascade un peu trop risquée
Les cheveux tout emmêlés
Parce que je les ai détachés
Une période insouciante
Défilant comme une étoile filante
Le jasmin emplit mes narines
En passant par mon coeur
Me ramenant à une période
Pleine de bonheur

Balkis Hmida

Je suis tunisienne

Et ça ne veut rien dire de moi
(À part que j'aime un peu trop la harissa)

Ancrée

Les oiseaux ne cessent
De gazouiller
Comme pour m'alerter
D'une belle journée
Alors pour une fois
Je veux me livrer
Et cette nature
Je vais l'écouter
Fini d'angoisser
D'imaginer
D'inventer
Cette fois je suis ancrée dans la réalité
Avec ces oiseaux
Qui ne cessent de gazouiller

Choix

Je ne te choisis pas
Ça voudrait dire que j'ai le choix
Or là
Je ne l'ai pas
Tu n'es pas un choix
Mais une évidence
Même si je ne le voulais pas
Tout me ramènerait à toi

Transformation

Je me recharge
Je m'abandonne
Me déshabille
De tout sentiment superflu
Mon essence prend le relais
Je renais
Pour ne laisser
Que l'important
Mes sentiments

Paix

Quoi qu'il advienne
Qui que je devienne
Je n'ai plus besoin de tout comprendre
Je n'ai plus besoin de me vendre
J'inspire – *Confiance*
J'expire – *Contrôle*
Même si j'aurai toujours un peu peur
Même si j'aurai toujours un peu envie de plaire
Ça ne m'empêchera pas
D'être ***moi***

Se retrouver

Le coquillage s'ouvre
Et laisse entrevoir
Un bleu éclatant
D'une vie sous-marine
Un violet reflétant
Mes rêves de gamine
Plus il s'ouvre et moins je souffre
De ne pas savoir me retrouver

Balkis Hmida

Rien n'est figé

Le temps ne cesse de changer. On passe d'averses à ciel dégagé et ça sans même sourciller. Alors je ne peux m'empêcher de penser que tout comme le temps, mes émotions ne sont que passagères. Mes nuages gris seront vites remplacés par de belles teintes rose poudré. Ce qui m'a fait pleurer aujourd'hui tombera demain dans l'oubli. Rien n'est figé, comme ce temps qui ne fait que changer.

La Chenille-Espoir

Une Chenille-Espoir
Rêvant secrètement
De se métamorphoser
En un majestueux
Papillon-Passion

Tous les soirs
Il s'adonne complètement
À vouloir changer
Se croyant défectueux
Il perdit sa vocation

Il aurait dû attendre et voir
Que l'Univers bien que consternant
Sait ce qu'il fait
Le temps est vertueux
À notre évolution

Balkis Hmida

Vulnérabilité

Dans mon jardin intérieur
Je suis à l'abri
Personne ne peut m'atteindre
Ma lumière ne peut s'éteindre
Mais elle ne pourra pas non plus éclairer
Alors je sors de mon terrier
Afin d'explorer de nouvelles contrées
Montrer ma sensibilité
Et rayonner de vulnérabilité

Lumière

Parfois les plus belles expositions
Sont celles de l'Âme :
Montrer qui nous sommes
Avec toute notre palette de couleurs
Elle est là, la splendeur
Celle de ne pas avoir peur
D'aucune nuance
Car elles nous composent d'insouciance

Imagination

Mon plus fidèle compagnon
Est mon imagination
M'emportant loin de la réalité
Quand elle était trop dure à accepter
Un refuge magique
Anti-crise de panique
Elle me suit depuis toute petite
C'est elle qui m'a rendue inédite :
Tantôt fée, sirène ou magicienne
Et il m'arrive toujours de croire
Que j'ai des super-pouvoirs

Balkis Hmida

La co-érrance

Être cohérente est une pente glissante
Une quête vouée à l'échec
Quoi que l'on fasse
Nul ne peut aller contre sa boussole interne
Dont les aiguilles changent sans cesse
Au gré des saisons
Il n'y a pas d'unique route
Une seule manière de faire
C'est rassurant alors pourquoi ne pas s'en défaire
De cette cohérence qui nous dessert

Multitudes

Tant de choses
Que j'aimerais dire et écrire
J'ai du mal à me retenir
Tant d'étiquettes pour nous définir
Je veux exister
Dans une multitude de réalités
Sans rien pour m'y attacher
L'Univers est bien trop vaste
Pour que l'on se cantonne
À une seule et même destinée

Dé-bordements

Certains instants remplissent mon coeur de bonheur, je le sens prêt à exploser d'un sentiment d'entièreté. Cette existence peut avoir son lot de difficultés, de phases d'obscurité.

Dès lors que le soleil instaure ses rayons, ils t'accompagneront, te donneront l'envie de sortir de ton terrier et de profiter de moments de légèreté. Mon cœur parfois déborde et ces instants me rappellent que tout comme les saisons, nos émotions évolueront, se transformeront et éclateront, laissant place à la nouveauté de s'installer.

Quand on s'adonne à l'expérience humaine, aussi multiple soit-elle, on comprend que rien n'a de sens, alors autant ne pas se limiter.

Reflet d'amour

C'est parfois à travers les yeux
De l'être aimé
Que l'impulsion de s'aimer naît
Dans le reflet de tes yeux
Figure une version de moi
Que je n'avais jamais rencontrée
Ton amour
Me donne envie
De m'aimer en retour

Ensorcelée

Tu es la huitième merveille
La chaleur du soleil
La magie qui m'ensorcelle
Le roi dans royaume
Celui qui a le contrôle
Du temps – *il passe si vite avec toi*
De la météo – *il fait toujours beau dans tes bras*
De mon cœur – *c'est pour toi qu'il bat*

Fleurir

Se réveiller
Après plusieurs jours
De pluie
Voir les rayons
D'un soleil
Jusque-là enfoui
Sortir et sentir
La chaleur
Se propager
Ce n'est pas le retour de l'été
Mais mon âme
qui est entrain de *bourgeonner*

Racines

Les racines
S'enfoncent et s'enfoncent
Se confondant à mes veines
Devenant mes transmetteurs
Les racines content
Et racontent
L'histoire de mon âme
Celle dont le voyage
Coule depuis de nombreux passages
Mes racines
Souvent trop arrosées
Ou bien pas assez
Ont toujours tout fait
Pour me ramener
À l'essence de qui j'étais

La vingtaine

La vingtaine
Les plus belles années
Celles des gamelles
Celles des murs en pleine gueule
Des erreurs
Des frayeurs

« qu'est-ce que je vais bien
pouvoir faire de ma vie »

Celles des rires aussi
Des amours
Des expériences
De l'indépendance

Finalement les années
Qui t'apprennent le mieux
Ce que tu veux
Sans réel enjeu

Balkis Hmida

Espace

Me donner l'espace
De grandir et d'évoluer
Sans jamais en être effrayé
Est la plus belle preuve d'amour
Que tu ne m'aies jamais donnée

Perles Parsemées

Dispersées un peu partout
À travers les années
Quelques perles ont été parsemées
Afin que je puisse les trouver
Au moment donné
Quand je serai prête à accepter
D'entamer le long trajet
Pour enfin me retrouver
Elles me montreront alors le chemin
Pour réaliser mon destin

Balkis Hmida

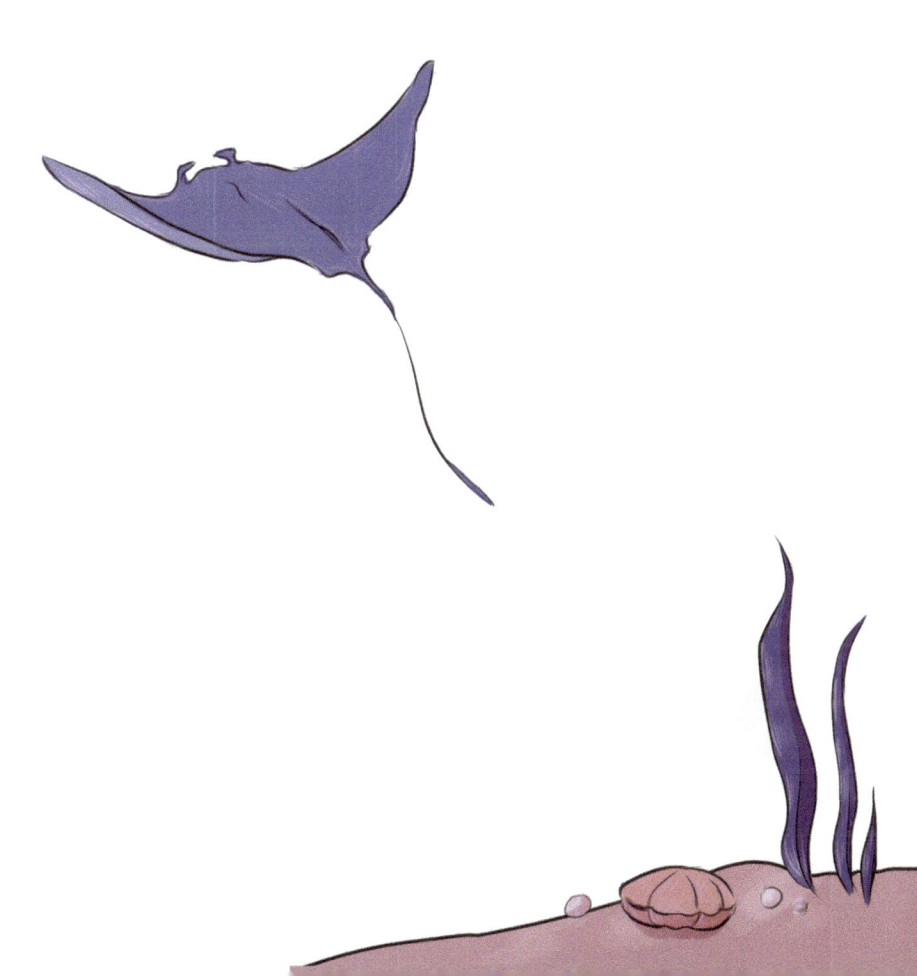

Coquillage

À un coquillage
De m'évader
Le doux bruit d'un monde
Pas encore exploré
Un coup de fil direct
Pour le royaume d'Atlantica
Si j'avais été Ariel
Je serais restée sirène

Balkis Hmida

La danse de l'amour

On ignore les pas
Mais ça ne nous importe pas
On danse, s'enlace et s'embrasse
C'est nos âmes qui s'embrasent
Il n'y a plus de contraste entre nos langues
On parle l'Amour

(elle est universelle)

Rêvasser

Mon super-pouvoir à moi
C'est de pouvoir
Donner vie à tout et n'importe quoi
En un coup d'œil
Je me perds
Dans un autre univers
Ce vieil arbre vert devient –
Grand-mère, celle d'un village bien gardé
À qui tard le soir on se confie sans risque d'être jugé
Autour de son feu qui…

Mince ! Où en étais-je ?

Finalement mon super-pouvoir est celui
De me perdre dans mes pensées

Balkis Hmida

Café potin

Tu marches dans la rue
Le bruit de tes chaussures qui claquent
Sur le sol accompagne ta démarche
Ni trop pressé, ni trop lent
Un doux rythme entraînant
Tu marches et tu observes
Sans écouteurs, café à la main
Les bruits du quotidien
Des derniers potins
Que se racontent ceux devant
(les murs n'ont pas d'oreilles, mais toi, si)
Tu marches, observes et souris
Tout ce qui t'entoure respire la vie
Quelle chance d'en faire partie

Yin & Yang

Je suis le feu
Et la mer à la fois
Si je m'enflamme
En un claquement de doigts
Un tsunami
S'ensuit
Ces deux éléments
Ne sont pas si différents

Timing

Si on m'avait dit il y a 10 ans
Lorsque j'avais 15 ans
Que la vie pouvait tant changer
Que tout pouvait bel et bien s'améliorer
Je pense que j'aurais hurlé
Comme l'héroïne d'un film hollywoodien
Qui laisse enfin ses émotions déborder
J'aurais hurlé
Ça m'aurait libérée
Et puisqu'aujourd'hui
L'eau a coulé sous les ponts
Je ne me laisserai plus submerger
Je plonge entièrement
Dans la liberté d'être au monde
Pleinement

Âme-itié

Les liens les plus purs
Se tissent d'Amitié
Des oreilles attentives
Des coeurs fidèles
Prêts à accueillir
Sans jamais tressaillir
Même les épreuves
Les plus douloureuses

Vision

Si être aimé
C'est être vu
Mes yeux t'ont alors
Complètement transpercé
C'est mon âme
Qui voit la tienne

Durant ma L2
En cours de *Creative Writing*
Je t'ai dédié un texte
Pour lequel j'ai été félicitée
Il parlait d'une nuit
Où tu fumais à ma fenêtre
Illuminé par la lune
Torse nu
Tu ne savais pas que je te regardais
D'un côté je ne le faisais pas
Je te scrutais
Je suis entrée en toi
Je te voyais comme si mes yeux voyaient
Pour la première fois
Quand tu es parti
J'ai écrit ce texte-là
«In a room only lightened by a big pale moon»
Que j'écrive ce texte n'est pas le plus choquant
Mais que je le soumette l'était
À 18 ans je t'écrivais pour mes cours d'écriture créative
À 25 ans tu es dans mes livres

Amour Pur

Ton amour est
Un enfant qui rigole
À la sortie de l'école
Un enfant qui joue
À s'en égratigner les genoux
Un enfant qui s'en met plein les doigts
En se délectant de crêpes au chocolat
Un enfant insouciant
Et rêveur à la fois
Ton amour est
D'une rare pureté
Dont seul un enfant
Détient encore la clé

Balkis Hmida

Sun in Leo

Je suis Lion
Donc par définition
Tout autour
M'enflamme
Et fait de moi cette femme
Passionnée et déjantée
Le signe de la loyauté
Trop souvent ramené à la vanité
Est-ce un crime de s'aimer ?

Galaxie

S'il y a une autre planète habitable
Dans toute la galaxie
J'espère qu'il en existe
Deux autres comme nous
À s'aimer comme des fous
À s'en foutre de tout
J'aime tellement notre amour
Que j'espère que d'autres aussi le savourent

Incarnation

Chaque décision
Mène à une différente version
De notre personnalité

Tous les chemins
Qui croisent notre destin
Nous font évoluer

Je ne peux m'empêcher d'imaginer
Toutes celles que j'aurais pu incarner
Si mes choix avaient été autres
Où serais-je aujourd'hui ?
Avec qui partagerais-je ma vie ?

Il suffit d'un instant
Pour changer sa trajectoire
Et c'est le plus beau des pouvoirs

Guérir

Qui a dit
Que guérir
C'était ne plus ressentir
Qui a osé dire
Qu'il ne fallait plus :
Être en colère, être immature,
Être frustrée, penser aux autres…
Guérir c'est justement tout ressentir
Laisser la place aux émotions
Sans les retenir
Une émotion
dure en moyenne
90 secondes
Accueille-la
Elle t'aidera

Balkis Hmida

Sororité

Je pense que la plus belle chose
Qui me soit arrivée
Est de vous avoir rencontrées
Je ne pourrais expliquer
Comme votre amitié
M'a sauvée
De tous ces clichés
Sur la sororité

Le cycle

Ce n'est pas grave –
Les vagues s'échoueront à nouveau
Ramenant avec elles un différent flot

Ce n'est pas grave –
Les feuilles deviendront à nouveau vertes
Ramenant avec elles le printemps

Ce n'est pas grave –
Les larmes d'aujourd'hui
Feront fleurir les roses de demain

Écriture

J'ai tant d'histoires à raconter
De scénarios à réaliser
Merci à l'écriture d'exister
Pour me permettre de les matérialiser

Acceptance

J'ai longtemps cru que pour avancer
Il fallait oublier le passé
Passer à autre chose
Ou faire l'autruche
Sans faire face
À ce qui me tracasse

Comment alors trouver cette paix salutaire,
Quand on n'accepte pas que l'ombre
Fasse partie de la lumière ?

J'ai dû renouer avec certaines parts
Cachées de mon passé
J'ai du dépoussiérer
D'anciens clichés
Laisser le jasmin
Inonder mon nez
Sans avoir peur
D'en aimer l'odeur

Balkis Hmida

Notes de lecture
et journaling

Note les 3 émotions que tu as ressenti en lisant ce recueil

1.
....
2.
....
3.
....

Y a-t-il un poème qui a particulièrement résonné avec ton vécu ? Pourquoi ?

....
....
....
....
....

Quels souvenirs ou émotions enfouis cette lecture a-t-elle réveillés ?

....
....
....
....
....

Quelles perles peux-tu commencer à semer aujourd'hui pour ton futur toi ?

....
....
....
....
....

Comment pourrais-tu intégrer ce que tu as ressenti ici dans ta vie quotidienne ?

....
....
....

About the
author

Née en 1999 en Tunisie, Balkis grandit dans une famille d'artistes qui la plonge dès son plus jeune âge dans la création. Dotée d'une imagination débordante, l'écriture devient son plus fidèle compagnon. En 2023, elle publie en auto-édition son premier livre, *Fleur Intérieure*, un recueil de poème traitant des sujets tels que la confiance en soi, la productivité toxique & les périodes de doutes et d'indécisions. *Perles Parsemées* est son deuxième livre.

h.balkis

About the
illustrator

Depuis toute petite, Kanto est passionnée par le dessin et aime raconter des histoires. Au cours de ses études supérieures, elle découvre l'illustration sensuelle et érotique et décide de se lancer dans ce nouvel univers, qui marquera l'ouverture de son compte Instagram « petitcoeur_dartichaut ». Depuis, elle réalise des couvertures de recueil de poèmes/roman et expose ses illustrations en galerie.

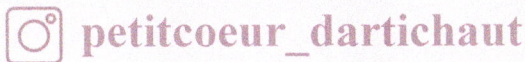

petitcoeur_dartichaut